POINTS POÉSIE

UNE COLLECTION DIRIGÉE PAR ALAIN MABANCKOU

« Points Poésie » est le lieu de convergence des voix venues des quatre coins du monde, débutantes, majeures ou classiques, toutes alimentées par l'audace de réinventer par la puissance de la poésie sous toutes ses formes ce que nous avons perdu de plus précieux : le Rêve et le pouvoir de l'imaginaire.

A. Mabanckou

Maya Angelou, de son vrai nom Marguerite Johnson, est née en 1928 dans l'Arkansas, État du Sud ségrégationniste. Elle découvre la puissance et la musicalité de la parole en assistant aux offices religieux. À 18 ans, elle part pour la Californie et sera tour à tour danseuse, serveuse dans un night-club et chanteuse. Elle milite aux côtés de Malcolm X et de Martin Luther King pour les droits civiques. Poussée par son ami l'écrivain James Baldwin, elle commence à écrire à la fin des années 1960 une autobiographie en plusieurs tomes et devient ainsi la première femme noire à écrire sa vie. Nous lui devons également plusieurs recueils de poèmes. À partir de 1981, elle est titulaire de la chaire d'études américaines à l'université de Wake Forest en Caroline du Nord. Au cours de sa vie, elle a reçu une douzaine de prix et une cinquantaine de diplômes honorifiques. Elle s'éteint en 2014 à l'âge de 86 ans, des suites d'une longue maladie. Barack Obama, qui lui a décerné en 2011 la Presidential Medal of Freedom, dira d'elle qu'elle fut « l'une des lumières les plus brillantes de notre temps ».

DU MÊME AUTEUR

La Tête haute
Belfond, 1980

Je sais pourquoi chante l'oiseau en cage
Belfond, 1990
Des femmes-Antoinette Fouque, 2022
et « 10-18 », n° 2445
et « Le Livre de poche », n° 31533

Tant que je serai noire
Le Livre de poche, 2009

Un billet d'avion pour l'Afrique : mémoires
Le Livre de poche, 2012

Lady B
Buchet Chastel, 2014
et « Le Livre de poche », n° 34264

Lettre à ma fille
Noir sur blanc, 2016
et « Le Livre de poche », n° 36335

La vie ne me fait pas peur
Seghers, 2018

Rassemblez-vous en mon nom
Noir sur blanc, 2020
Le Livre de poche, 2023

Femme phénoménale
Seghers, 2022

Maya Angelou

ET POURTANT JE M'ÉLÈVE

POÉSIE

ÉDITION BILINGUE

Traduit de l'anglais (États-Unis) par Santiago Artozqui

Préface inédite d'Alain Mabanckou

Éditions Seghers

TITRE ORIGINAL
And Still I Rise

ÉDITEUR ORIGINAL
Random House, New York, USA

ISBN 979-10-414-0009-6

This book is dedicated
to a few of the Good Guys

You to laugh with
You to cry to
I can just about
make it over

Ce livre est dédicacé
à quelques-uns des Gens bien

Vous avec qui je ris
Vous auprès de qui je pleure
Je peux tout juste vous
le rendre

JESSICA MITFORD
GERARD W. PURCELL
JAY ALLEN

Préface
L'une des plus grandes voix de notre époque

Par son influence, par le regard qu'elle a porté sur son Amérique natale – en particulier sur les questions des droits civiques, de l'identité et de la liberté –, Maya Angelou est indiscutablement l'une des figures prépondérantes des lettres américaines contemporaines. Sa voix, sa présence et la justesse de ses propos l'ont hissée au rang de ces personnages qui n'appartiennent plus à une nation, à un peuple, mais à l'humanité entière.

Et pourtant sa « vulgarisation » en France a tardé, là où certains de ses prédécesseurs tels Richard Wright ou James Baldwin ont été d'emblée salués et reconnus par les intellectuels français.

Il faudrait donc se réjouir de constater combien les nouvelles générations s'inspirent de la vision de cette écrivaine admirée par Toni Morrison – leur amitié aura duré plus de quatre décennies, et en 1993 lorsque Morrison a reçu le prix Nobel de littérature, Maya Angelou a organisé en son honneur une réception chez elle. À sa mort à l'âge de 86 ans, Morrison dira de son aînée que c'est elle qui a réellement initié « la littérature afro-américaine féminine aux États-Unis ».

En France, c'est l'un des sept volumes de son autobiographie qui est le plus connu, *Je sais pourquoi chante l'oiseau en cage*. Dans cette œuvre parue aux États-Unis en 1969, Maya Angelou revient sur son enfance bouleversante jusqu'à ses dix-sept ans, dans une Amérique ségrégée. L'épisode le plus poignant est certainement celui où, violée par le compagnon de sa mère – il sera assassiné par l'oncle de Maya –, la fillette de huit ans perdra la voix et plongera dans un mutisme total pendant plus de six années. L'une des figures fortes de la jeune Maya Angelou sera l'aristocrate noire Bertha Flowers, une amie de sa tante, qui lui fera découvrir la puissance de la littérature, et surtout les lettres afro-américaines avec, notamment, l'écrivain et activiste des droits civiques James Weldon Johnson, ou encore le poète, nouvelliste et romancier Paul Laurence Dunbar.

Bertha Flowers lui redonnera l'assurance de croire en elle-même, car Maya Angelou se percevait alors comme disgracieuse et malchanceuse, comme elle le rappelle dans « Femme phénoménale », poème présent dans ce recueil :

> Les jolies femmes se demandent où se cache mon secret.
> Je ne suis pas mignonne, je n'ai pas la taille mannequin
> Mais quand je leur explique,
> Elles pensent que je mens,
> Je dis,
> C'est dans l'ampleur de mes bras,
> La taille de mes flancs,
> L'allant de mes pas,
> La moue de mes lèvres.

Bertha Flowers l'orientera vers la poésie, le lieu où Maya Angelou partira à la reconquête de la parole primordiale qu'elle avait perdue dans son enfance, la parole qui dénonce, la parole qui délie, mais qui cautérise en même temps.

Elle saura désormais que la poésie est la forme la plus épurée de notre imaginaire, et que tout art qui en serait dénué n'aurait aucune « utilité » dans la reconstitution de notre humanité.

Même si Maya Angelou devra sa renommée internationale à la publication de ses Mémoires, c'est la poésie qui demeurera la petite voix en qui elle aura toujours confiance. Elle commencera à publier des recueils de poèmes à partir de 1971. *Just Give Me a Cool Drink of Water 'Fore I Diiie* regroupera beaucoup de ses chansons de l'époque où, entraîneuse de bar, danseuse et chanteuse, elle se produisait dans divers clubs et cabarets et avait enregistré deux albums, juste avant la publication de *Je sais pourquoi chante l'oiseau en cage.* Ce premier recueil, marqué donc par sa passion pour la musique, aura des accents de jazz et de blues, évoquera de bout en bout les thèmes du désespoir, de l'amour, de la souffrance et de la perte. Il est proche du peuple noir par son phrasé, par son jargon, et il est évident que la poétesse se considère comme la « voix des sans-voix », pour reprendre la formule d'Aimé Césaire dans le *Cahier d'un retour au pays natal*. Néanmoins d'autres thèmes qui traverseront plus tard son œuvre sont déjà présents, notamment le calvaire des Africains américains qui doivent lutter nuit et jour dans une société où le pouvoir est aux mains des Blancs.

Six ans après, elle publiera *Oh Pray My Wings Are Gonna Fit Me Well*, œuvre poétique qui reviendra sur les thématiques de *Just Give Me a Cool Drink of Water 'Fore I Diiie*, conservant l'aspect de la « déclamation ». Maya Angelou parle de l'âge, de la maturité et va même, non sans une pointe d'humour, jusqu'à admirer celles et ceux qui ont quitté notre monde très tôt.

Son troisième recueil *And Still I Rise* (*Et pourtant je m'élève*) – que nous publions en version bilingue dans notre collection « Points Poésie » – est sorti aux États-Unis en 1978. C'est l'un des recueils les plus connus de Maya Angelou. Il illustre le combat de celles et ceux que la société a placés du côté de la marginalité, les rayant des pages de l'Histoire ainsi que le clame la poétesse :

La haine souvent est floue. Elle
S'étale dans des zones au-delà d'elle-même.
Et les sadiques n'apprendront jamais que
L'amour, par nature, inflige une douleur
Inégalée par le bourreau.

La musique n'est jamais loin car Maya Angelou, restée artiste dans l'âme, convoque aussi bien le jazz, l'opéra, la danse classique, le gospel, la soul, que le rhythm and blues et la funk, appelant à cette célébration des personnalités afro-américaines – notamment l'actrice et chanteuse Pearl Bailey, ou encore Barbara Jordan, avocate et activiste, première femme noire élue sénatrice du Texas et au Parlement américain.

Je dégage le do-rag
Qui retient ma coupe afro
Je m'enveloppe de négritude
Je brille, je scintille, non ?

Et j'écoute Stevie Wonder
En faisant cuire haricots et riz
Ou bien je vais à l'opéra
Pour entendre Leontyne Price
Lâche-toi, Jesse Jackson
Danse, Alvin Ailey
Parle, Miss Barbara Jordan
Groove, Miss Pearlie Bailey.

Le poème le plus déclamé de ce recueil, « Et pourtant je m'élève », est étudié dans la plupart des écoles, des collèges et des lycées américains. Usant de formules mémorables, Maya Angelou refuse ici la négation de l'histoire des Noirs d'Amérique et en appelle au courage et à la ténacité :

Des taudis honteux de l'Histoire
Je m'élève
D'un passé pétri de souffrance
Je m'élève
Tel un océan noir, bondissant et immense,
Débordant, grossissant, je porte la marée.
Abandonnant les nuits de terreur et d'effroi
Je me lève
Dans une aurore à l'éclat merveilleux
Je m'élève
Apportant les cadeaux offerts par mes aïeux,
Je suis le rêve et l'espoir de l'esclave.
Je me lève
Je me soulève
Je m'élève.

La poétesse questionne les notions de race, de différence, les violences faites aux femmes, les inégalités et nous rappelle qu'en tout lieu et en tout temps, il nous faudra puiser au fond de nous-mêmes la force de surpasser la haine, le racisme, la défaite et la capitulation. Elle refuse le destin tracé par les autres :

Je suis née pour trimer jusqu'à la tombe
Mais je ne suis pas née
Pour être esclave.

Il n'est pas étonnant que le poème « Et pourtant je m'élève » ait été choisi pour la campagne télévisée du cinquantième anniversaire du fameux *United Negro College Fund* – l'organisation philanthropique américaine qui accorde des bourses aux étudiants noirs inscrits dans la trentaine d'universités privées jadis réservées à la communauté afro-américaine.

La publication en poche de *Et pourtant je m'élève*, œuvre fondamentale de Maya Angelou, est une autre opportunité offerte au grand public d'aller à la découverte (ou à la redécouverte) de l'une des voix les plus importantes de notre époque et dont la nécessité n'a jamais été aussi pressante et salutaire que maintenant.

Alain Mabanckou

PREMIÈRE PARTIE

Touch Me, *Life, Not Softly*	Touche-moi, Vie, sans douceur

A Kind of Love, Some Say

Is it true the ribs can tell
The kick of a beast from a
Lover's fist? The bruised
Bones recorded well
The sudden shock, the
Hard impact. Then swollen lids,
Sorry eyes, spoke not
Of lost romance, but hurt.

Hate often is confused. Its
Limits are in zones beyond itself. And
Sadists will not learn that
Love by nature, exacts a pain
Unequalled on the rack.

Une sorte d'amour, comme ils disent

Est-il vrai que les côtes distinguent
La ruade d'une bête du
Poing d'un amant ? Les os
Contusionnés ont bien enregistré
Le choc soudain, le
Dur impact. Puis les paupières enflées,
Les yeux tristes, ne parlaient pas
D'amour perdu, mais de douleur.

La haine souvent est floue. Elle
S'étale dans des zones au-delà d'elle-même. Et
Les sadiques n'apprendront jamais que
L'amour, par nature, inflige une douleur
Inégalée par le bourreau.

Country Lover

Funky blues
Keen toed shoes
High water pants
Saddy night dance
Red soda water
and anybody's daughter

Amateur de country

Blues qui fouette
Souliers chouettes
Pantalons feu de plancher
Bal nocturne paumé
Soda Red rouge sang
et filles au tout-venant

Remembrance

For Paul

Your hands easy
weight, teasing the bees
hived in my hair, your smile at the
slope of my cheek. On the
occasion, you press
above me, glowing, spouting
readiness, mystery rapes
my reason.

When you have withdrawn
your self and the magic, when
only the smell of your
love lingers between
my breasts, then, only
then, can I greedily consume
your presence.

La souvenance

Pour Paul

De tes mains le léger
poids, titillant les abeilles
nichées dans mes cheveux, ton sourire devant
la courbe de ma joue. À
l'occasion, tu te presses
sur moi, radieux, suant
l'empressement, le mystère viole
ma raison.

Quand tu as retiré
ton corps et la magie, quand
seule l'odeur de ton
amour demeure entre mes seins, alors,
seulement alors, je peux me repaître de
ta présence.

Where We Belong, A Duet

In every town and village,
In every city square,
In crowded places
I searched the faces
Hoping to find
Someone to care.

I read mysterious meanings
In the distant stars,
Then I went to schoolrooms
And poolrooms
And half-lighted cocktail bars.
Braving dangers,
Going with strangers,
I don't even remember their names.
I was quick and breezy
And always easy
Playing romantic games.

I wined and dined a thousand exotic Joans and Janes
In dusty dance halls, at debutante balls,
On lonely country lanes.
I fell in love forever,
Twice every year or so.

À notre place, duo

Dans chaque ville, chaque village,
Et sur chaque grand-place,
Dans des lieux surpeuplés
J'ai scruté les visages
Dans l'espoir de trouver
Quelqu'un de qui me soucier.

J'ai lu des sens mystérieux
Dans les étoiles lointaines,
Puis j'ai fréquenté des salles de classe
Et des salles de billard
Et des bars à cocktail à moitié dans le noir.
Bravant les dangers,
Suivant des inconnues,
Je ne me souviens même pas de leur nom.
J'étais vif et jovial
Et toujours enjoué
Quand je jouais les romantiques.

J'ai invité mille exotiques Joan et Jane
Dans des dancings poussiéreux, des bals de débutantes,
Des chemins de campagne déserts.
Je suis tombé amoureux pour la vie,
Deux fois par an environ.

I wooed them sweetly, was theirs completely,
But they always let me go.
Saying bye now, no need to try now,
You don't have the proper charms.
Too sentimental and much too gentle
I don't tremble in your arms.

Then you rose into my life
Like a promised sunrise.
Brightening my days with the light in your eyes.
I've never been so strong,
Now I'm where I belong.

Je les ai courtisées avec douceur, j'étais à elles tout entier,
Mais elles m'ont toujours laissé tomber.
Elles disaient au revoir maintenant, pas la peine d'essayer
maintenant,
Tes charmes ne sont pas les bons.
Trop sentimental et bien trop tendre
Tes bras ne me donnent pas le frisson.

Puis tu as surgi dans ma vie
Comme une aube promise.
Illuminant mes jours de l'étincelle dans tes yeux.
Je n'ai jamais été aussi fort,
Maintenant que j'ai trouvé ma place.

Phenomenal Woman

Pretty women wonder where my secret lies.
I'm not cute or built to suit a fashion model's size
But when I start to tell them,
They think I'm telling lies.
I say,
It's in the reach of my arms,
The span of my hips,
The stride of my step,
The curl of my lips.
I'm a woman
Phenomenally.
Phenomenal woman,
That's me.

I walk into a room
Just as cool as you please,
And to a man,
The fellows stand or
Fall down on their knees.
Then they swarm around me,
A hive of honey bees.
I say,
It's the fire in my eyes,
And the flash of my teeth,

Femme phénoménale

Les jolies femmes se demandent où se cache mon secret.
Je ne suis pas mignonne, je n'ai pas la taille mannequin
Mais quand je leur explique,
Elles pensent que je mens,
Je dis,
C'est dans l'ampleur de mes bras,
La taille de mes flancs,
L'allant de mes pas,
La moue de mes lèvres.
Je suis une femme
Phénoménalement.
Femme phénoménale,
C'est ce que je suis.

J'entre dans une pièce
Décontractée à souhait,
Et pour un homme,
Ils se lèvent tous ou
Tombent à genoux.
Puis ils pullulent autour de moi,
Essaim d'abeilles butineuses.
Je dis,
C'est le feu dans mes yeux,
Et l'éclat de mes dents,

The swing in my waist,
And the joy in my feet.
I'm a woman
Phenomenally.
Phenomenal woman,
That's me.

Men themselves have wondered
What they see in me.
They try so much
But they can't touch
My inner mystery.
When I try to show them
They say they still can't see.
I say,
It's in the arch of my back,
The sun of my smile,
The ride of my breasts,
The grace of my style.
I'm a woman
Phenomenally.
Phenomenal woman,
That's me.

Now you understand
Just why my head's not bowed.
I don't shout or jump about
Or have to talk real loud.
When you see me passing
It ought to make you proud.

Le swing de mes hanches,
Et la joie dans mes pieds.
Je suis une femme
Phénoménalement.
Femme phénoménale,
C'est ce que je suis.

Les hommes eux-mêmes se sont demandé
Ce qu'ils voient en moi.
Mais ils ont beau essayer
Ils ne peuvent pas toucher
Mon mystère intérieur.
Quand je tente de leur montrer,
Ils ne voient toujours pas.
Je dis,
C'est dans l'arc de mes reins,
L'astre de mon sourire,
La prestance de mes seins,
La grâce de mon style.
Je suis une femme
Phénoménalement.
Femme phénoménale,
C'est ce que je suis.

Maintenant vous comprenez bien
Pourquoi je ne courbe pas la tête.
Je ne crie pas, je ne saute pas partout
Et je n'ai pas besoin de parler vraiment fort.
Quand vous me voyez passer
Ça devrait vous emplir de fierté.

I say,
It's in the click of my heels,
The bend of my hair,
the palm of my hand,
The need for my care.
'Cause I'm a woman
Phenomenally.
Phenomenal woman,
That's me.

Je dis,
C'est dans le claquement de mes talons,
Le galbe de ma chevelure,
La paume de ma main,
Le besoin de mes bontés.
Car je suis une femme
Phénoménalement.
Femme phénoménale,
C'est ce que je suis.

Men

When I was young, I used to
Watch behind the curtains
As men walked up and down
The street. Wino men, old men.
Young men sharp as mustard.
See them. Men are always
Going somewhere.
They knew I was there. Fifteen
Years old and starving for them.
Under my window, they would pause,
Their shoulders high like the
Breasts of a young girl,
Jacket tails slapping over
Those behinds,
Men.
One day they hold you in the
Palms of their hands, gentle, as if you
Were the last raw egg in the world. Then
They tighten up. Just a little. The
First squeeze is nice. A quick hug.
Soft into your defenselessness. A little
More. The hurt begins. Wrench out a
Smile that slides around the fear. When the
Air disappears,

Les hommes

Quand j'étais jeune, j'épiais
Derrière les rideaux
Tandis que les hommes vaquaient
Dans la rue. Des alcoolos, des vieux.
Des jeunes piquants comme de la moutarde.
Regardez-les. Les hommes sont toujours
En train d'aller quelque part.
Ils savaient que j'étais là. Quinze
Ans et affamée d'eux.
Sous ma fenêtre, ils s'arrêtaient,
Les épaules dressées comme
Les seins d'une jeune fille,
Les queues-de-pie qui claquaient sur
Ces derrières,
Les hommes.
Un jour ils vous tiennent dans la
Paume de leurs mains, gentiment, comme si vous
Étiez le dernier œuf cru du monde. Puis
Ils serrent. Juste un peu. La
Première pression est suave. Une rapide étreinte.
Douce à une sans-défense. Un petit peu
Plus. La douleur commence. Elle dévisse un
Sourire qui glisse sur la peur. Quand
L'air disparaît,

Your mind pops, exploding fiercely, briefly,
Like the head of a kitchen match. Shattered.
It is your juice
That runs down their legs. Staining their shoes.
When the earth rights itself again,
And taste tries to return to the tongue,
Your body has slammed shut. Forever.
No keys exist.

Then the window draws full upon
Your mind. There, just beyond
The sway of curtains, men walk.
Knowing something.
Going someplace.
But this time, you will simply
Stand and watch.

Maybe.

Ton esprit craque, explosant férocement, brièvement,
Comme la tête d'une allumette de cuisine. Éclaté.
C'est ton jus
Qui coule le long de leurs jambes. Il salit leurs chaussures.
Quand la terre se remet à l'endroit,
Et que le goût revient à la langue,
Ton corps s'est refermé en claquant. Pour toujours.
Il n'existe aucune clé.

Alors la fenêtre s'ouvre complètement sur
Ton esprit. Là, juste derrière
Le flottement des rideaux, des hommes marchent.
Ils savent quelque chose.
Ils vont quelque part.
Mais cette fois-ci, tu vas simplement
Rester et regarder.

Peut-être.

Refusal

Beloved,
In what other lives or lands
Have I known your lips
Your hands
Your laughter brave
Irreverent.
Those sweet excesses that
I do adore.
What surety is there
That we will meet again,
On other worlds some
Future time undated.
I defy my body's haste.
Without the Promise
Of one more sweet encounter
I will not deign to die.

Refus

Mon amour,
Dans quelles autres vies, sur quelles autres terres
Ai-je rencontré tes lèvres
Tes mains
Ton rire courageux
Irrévérencieux.
Ces doux excès que
J'adore.
Quelle certitude existe-t-il
Que nous nous croiserons encore,
Sur d'autres mondes d'un
Temps futur et non daté.
Je mets l'impatience de mon corps au défi.
Sans la Promesse
D'une douce rencontre de plus
Je ne daignerai pas mourir.

Just for a Time

Oh how you used to walk
With that insouciant smile
I liked to hear you talk
And your style
Pleased me for a while.

You were my early love
New as a day breaking in Spring
You were the image of
Everything
That caused me to sing.

I don't like reminiscing
Nostalgia is not my forté
I don't spill tears
On yesterday's years
But honesty makes me say,
You were a precious pearl
How I loved to see you shine,
You were the perfect girl.
And you were mine.
For a time.
For a time.
Just for a time.

Juste un temps

Oh ta façon de marcher
Avec ce sourire insouciant
J'aimais t'entendre parler
Et ton style
M'a plu, un moment.

Tu étais mon amour précoce
Neuf comme une aube de printemps
Tu étais l'image de Tout
Ce qui me poussait à chanter.

Je n'aime pas les réminiscences
La nostalgie n'est pas mon fort
Je ne verse pas de larmes
Sur les années d'hier
Mais l'honnêteté me fait dire que
Tu étais une perle précieuse
Qu'est-ce que j'aimais te voir briller,
Tu étais la fille parfaite.
Et tu fus mienne.
Un temps.
Un temps.
Juste un temps.

DEUXIÈME PARTIE

Traveling | En voyage

Junkie Monkey Reel

Shoulders sag,
The pull of weighted needling.
Arms drag, smacking wet in soft bone
Sockets.

Knees thaw,
Their familiar magic lost. Old bend and
Lock and bend forgot.

Teeth rock in fetid gums.
Eyes dart, die, then float in
Simian juice.

Brains reel,
Master charts of old ideas erased. The
Routes are gone beneath the tracks
Of desert caravans, pre-slavery
Years ago.

Dreams fail,
Unguarded fears on homeward streets
Embrace. Throttling in a dark revenge
Murder is its sweet romance.

How long will
This monkey dance?

Dégaine de macaque du junkie

Les épaules tombent,
Ployant sous les piqûres.
Les bras traînent, la blanche imbibe l'os tendre
Des articulations.

Les genoux fondent,
Leur magie familière envolée. Oublié le plié et
Déplié d'antan.

Les dents branlent dans les gencives fétides.
Les yeux dardent, meurent, puis flottent dans
Un jus simiesque.

Le cerveau titube,
Effacées les grandes listes de vieilles idées. Les
Artères ont disparu sous les traces
Des caravanes du désert, avant l'esclavage
Il y a des années.

Les rêves font défaut,
Des peurs spontanées dans les rues du quartier
T'étreignent. T'étranglent dans une sombre revanche
Le meurtre est sa propre romance.

Combien de temps
Ce macaque dansera-t-il ?

The Lesson

I keep on dying again.
Veins collapse, opening like the
Small fists of sleeping
Children.
Memory of old tombs,
Rotting flesh and worms do
Not convince me against
The challenge. The years
And cold defeat live deep in
Lines along my face.
They dull my eyes, yet
I keep on dying,
Because I love to live.

La leçon

Je persiste à mourir encore.
Les veines collapsent, s'ouvrant comme les
Petits poings des enfants
Qui dorment.
Mémoire d'anciennes tombes,
La chair putréfiée et les vers ne peuvent
Me convaincre de renoncer
Au défi. Les années
Et la froide défaite vivent profondément dans
Les rides sur mon visage.
Elles estompent mes yeux, pourtant
Je persiste à mourir,
Parce que j'aime vivre.

California Prodigal

For David P-B

The eye follows, the land
Slips upward, creases down, forms
The gentle buttocks of a young
Giant. In the nestle,
Old adobe bricks, washed of
Whiteness, paled to umber,
Await another century.

Star Jasmine and old vines
Lay claim upon the ghosted land,
Then quiet pools whisper
Private childhood secrets.

Flush on inner cottage walls
Antiquitous faces,
Used to the gelid breath
Of old manors, glare disdainfully
Over breached time.

Around and through these
Cold phantasmatalities,
He walks, insisting

Californie prodigue

Pour David P-B

L'œil suit, la terre
Glisse vers le haut, se plisse vers le bas, façonne
Les douces fesses d'un jeune
Géant. Dans le nid,
D'anciennes briques d'adobe, délavées de
Blancheur, pâlies en terre d'ombre,
Attendent un autre siècle.

Le faux jasmin et les vieilles vignes
Revendiquent une terre spectrale,
Et des mares étales murmurent
D'intimes secrets d'enfance.

Sur les murs intérieurs des cottages,
Le rouge monte aux visages antiques
Habitués au souffle glacial
Des vieux manoirs, qui toisent avec dédain
Le temps fracturé.

Autour et au travers de ces
Froides fantasmatalités,
Il avance, exigeant

To the languid air,
Activity, music,
A generosity of graces.

His lupin fields spurn old
Deceit and agile poppies dance
In golden riot. Each day is
Fulminant, exploding brightly
Under the gaze of his exquisite
Sires, frozen in the famed paint
Of dead masters. Audacious
Sunlight casts defiance
At their feet.

De l'air languide,
Activité, musique,
Une prodigalité de grâces.

Ses champs de lupin repoussent l'ancienne
Duperie et d'agiles coquelicots dansent
Une fronde dorée. Chaque jour est
Fulminant, il explose brillamment
Sous le regard fixe de ses magnifiques
Seigneurs, figés dans les tableaux célèbres
Des maîtres décédés. Audacieuse,
La lumière du soleil dépose un défi
À leurs pieds.

My Arkansas

There is a deep brooding
in Arkansas.
Old crimes like moss pend
from poplar trees.
The sullen earth
is much too
red for comfort.

Sunrise seems to hesitate
and in that second
lose its
incandescent aim, and
dusk no more shadows
than the noon.
The past is brighter yet.

Old hates and
ante-bellum lace, are rent
but not discarded.
Today is yet to come
in Arkansas.
It writhes. It writhes in awful
waves of brooding.

Mon Arkansas

Il y a unc profonde menace
dans l'Arkansas.
De vieux crimes pendants comme la mousse
sur les peupliers.
La terre maussade
est bien trop
rouge pour le bien-être.

L'aube semble hésiter
et dans la seconde
perdre sa
visée incandescente, et
le crépuscule n'a pas plus d'ombres
que le midi.
Le passé est encore plus brillant.

De vieilles haines et
des dentelles d'avant-guerre, sont déchirées
mais pas abandonnées.
Aujourd'hui doit encore advenir
dans l'Arkansas.
Il se tord de douleur. Il se tord de douleur dans d'atroces
vagues de menace.

Through the Inner City to the Suburbs

Secured by sooted windows
And amazement, it is
Delicious. Frosting filched
From a company cake.

People. Black and fast. Scattered
Watermelon seeds on
A summer street. Grinning in
Ritual, sassy in pomp.

From a slow moving train
They are precious. Stolen gems
Unsaleable and dear. Those
Dusky undulations sweat of forest
Nights, damp dancing, the juicy
Secrets of black thighs.

Images framed picture perfect
Do not move beyond the window
Siding.

Strong delectation:
Dirty stories in changing rooms
Accompany the slap of wet towels and

Du centre-ville aux banlieues résidentielles

Protégé par des fenêtres maculées de suie
Et par l'enchantement, il est
Délicieux. Un glaçage chipé
Sur un gâteau industriel.

Les gens. Noirs et rapides. Pépins
De pastèque éparpillés dans
Une rue estivale. Souriants par
Rituel, insolents avec classe.

Dans un tortillard
Ils sont précieux. Joyaux volés
Invendables et chers. Ces
Ondulations crépusculaires transpirent les
Nuits dans la forêt, les bals moites, les
Secrets juteux des cuisses noires.

Images au cadrage parfait
Figées derrière le bardage de la fenêtre
Une voie de garage.

Intense délectation :
Des histoires salaces dans des vestiaires
Accompagnent le claquement des serviettes mouillées et

Toilet seats.
Poli-talk of politician
Parents: "They need shoes and
Cooze and a private
Warm latrine. I had a colored
Mammy..."

The train, bound for green lawns
Double garages and sullen women
In dreaded homes, settles down
On its habit track.
Leaving
The dark figures dancing
And grinning. Still
Grinning.

Des sièges des toilettes.
Le poli-jargon des parents
Politiciens : « Ils ont besoin de chaussures et
De chattes et de latrines
Chaleureuses et intimes. J'avais une Mama
De couleur… »

Le train, en route vers les pelouses vertes
Les garages deux places et les femmes maussades
Dans des foyers redoutés, s'installe sur
Les rails de ses habitudes.
Il quitte
Les silhouettes sombres dansantes
Et souriantes. Toujours
Souriantes.

Lady Luncheon Club

Her counsel was accepted: the times are grave.
A man was needed who would make them think,
And pay him from the petty cash account.

Our woman checked her golden watch,
The speaker has a plane to catch.
Dessert is served (and just in time).

The lecturer leans, thrusts forth his head
And neck and chest, arms akimbo
On the lectern top. He summons up
Sincerity as one might call a favored
Pet.

He understands the female rage,
Why Eve was lustful and
Delilah's
Grim deceit.

Our woman thinks:
(This cake is much too sweet.)

He sighs for youthful death
And rape at ten, and murder of
The soul stretched over long.

Le club dînatoire des dames

Sa recommandation fut acceptée : l'heure était grave.
Elles avaient besoin d'un homme pour les faire réfléchir,
Qu'elles paieraient sur la cagnotte de petite monnaie.

Notre femme consulta sa montre dorée,
L'intervenant a un avion à prendre.
Le dessert est servi (et juste à temps).

Le conférencier se penche, jette en avant la tête,
Le cou et la poitrine, les bras écartés
Sur le haut du pupitre. Il invoque la
Sincérité comme on hélerait son animal de compagnie
Préféré.

Il comprend la rage féminine,
Pourquoi Ève était lubrique et
De Dalila
La sinistre traîtrise.

Notre femme pense :
(Ce gâteau est bien trop sucré.)

Il déplore la mort en pleine jeunesse
Et le viol à dix ans, et le meurtre de
De l'âme qui s'étire depuis longtemps.

Our woman notes:
(This coffee's much too strong.)

The jobless streets of
Wine and wandering when
Mornings promise no bright relief.

She claps her hands and writes
Upon her pad: (Next time the
Speaker must be brief).

Notre femme note :
(Ce café est bien trop fort.)

Les rues sans emploi pleines de
Vin et d'errances quand les
Matins ne promettent aucun avenir radieux.

Elle frappe dans ses mains et note
Dans son carnet : (La prochaine fois le
Conférencier devra être bref).

Momma Welfare Roll

Her arms semaphore fat triangles,
Pudgy hands bunched on layered hips
Where bones idle under years of fatback
And lima beans.
Her jowls shiver in accusation
Of crimes clichéd by
Repetition. Her children, strangers
To childhood's toys, play
Best the games of darkened doorways,
Rooftop tag, and know the slick feel of
Other people's property.

Too fat to whore,
Too mad to work,
Searches her dreams for the
Lucky sign and walks bare-handed
Into a den of bureaucrats for
Her portion.
"They don't give me welfare.
I take it."

L'aide sociale de maman

Ses bras, triangles gras de sémaphores,
Des mains potelées plissées sur des couches de hanches
Où les os stagnent sous des années de graisse de porc
Et de haricots de Lima.
Ses bajoues frémissent en dénonçant
Des crimes banalisés par la
Répétition. Ses enfants, étrangers
Aux jouets de l'enfance, sont
Meilleurs au jeu des portes sombres,
À chat sur les toits, et ils connaissent le goût mielleux
De la propriété des autres.

Trop grosse pour tapiner,
Trop folle pour travailler,
Elle fouille ses rêves en quête d'un
Signe de chance et entre à mains nues
Dans un antre de bureaucrates chercher
Sa part.
« Ils ne me donnent pas l'allocation.
Je la prends. »

The Singer Will Not Sing

For A. L.

A benison given. Unused,
no angels promised,
wings fluttering banal lies
behind their sexlessness. No
trumpets gloried
prophecies of fabled fame.
Yet harmonies waited in
her stiff throat. New notes
lay expectant on her
stilled tongue.

Her lips are ridged and
fleshy. Purpled night birds
snuggled to rest.
The mouth seamed, voiceless,
Sounds do not lift beyond
those reddened walls.

She came too late and lonely
to this place.

La chanteuse ne chantera pas

Pour A. L.

Bénédiction donnée. Jamais servie,
Aucun ange promis,
des ailes volaient des mensonges banals
derrière leur asexualité. Aucune
trompette ne glorifiait
des prophéties de renommée légendaire.
Pourtant des harmonies patientaient dans
sa gorge crispée. De nouvelles notes
couvaient pleines d'espoir sur sa
langue immobile.

Ses lèvres sont striées et
charnues. Oiseaux de nuit empourprés
recroquevillés au repos.
La bouche cousue, sans voix, les
Sons ne s'élèvent pas derrière
ces murs rougis.

Elle est venue trop tard et trop seule
jusqu'ici.

Willie

Willie was a man without fame
Hardly anybody knew his name.
Crippled and limping, always walking lame,
He said, "I keep on movin'
Movin' just the same."

Solitude was the climate in his head,
Emptiness was the partner in his bed,
Pain echoed in the steps of his tread,
He said, "I keep on followin'
Where the leaders led.

"I may cry and I will die,
But my spirit is the soul of every spring,
Watch for me and you will see
That I'm present in the songs that children sing."

People called him "Uncle," "Boy" and "Hey,"
Said, "You can't live through this another day."
Then, they waited to hear what he would say.
He said, "I'm living
In the games that children play.

Willie

Willie était un homme sans gloire
Dont le nom n'était pas notoire.
Estropié et boiteux, il marchait de travers,
Il disait, « Je bouge toujours
Je bouge tout pareil. »

La solitude, c'était le climat dans sa tête,
Le vide, le partenaire dans son lit,
La douleur, un écho dans sa démarche,
Il disait, « J'emboîte toujours
Le pas des patrons.

« Je vais peut-être pleurer et je vais mourir,
Mais mon esprit est l'âme de chaque printemps,
Faites attention à moi et vous verrez
Que je suis dans les chansons que chantent les enfants. »

Les gens l'appelaient « Tonton », « Mon gars » ou « Hé »,
Ils disaient, « Tu ne peux pas vivre ça un jour de plus. »
Puis ils attendaient pour entendre ce qu'il répondrait.
Il disait, « Je vis
Dans les jeux auxquels jouent les enfants.

"You may enter my sleep, people my dreams,
Threaten my early morning's ease,
But I keep comin' followin' laughin' cryin',
Sure as a summer breeze.

"Wait for me, watch for me.
My spirit is the surge of open seas.
Look for me, ask for me,
I'm the rustle in the autumn leaves.

"When the sun rises
I am the time.
When the children sing
I am the Rhyme."

« Vous pouvez entrer dans mon sommeil, peupler
mes rêves,
Menacer mes petits matins sereins,
Mais je viendrai je suivrai je rirai je pleurerai,
Aussi sûrement qu'une brise d'été.

« Attendez-moi, espérez-moi.
Mon esprit est une vague en haute mer.
Cherchez-moi, demandez après moi,
Je suis la rouille sur les feuilles d'automne.

« Quand le soleil se lève
Je suis le temps.
Quand les enfants chantent
Je suis la Rime. »

To Beat the Child Was Bad Enough

A young body, light
As winter sunshine, a new
Seed's bursting promise,
Hung from a string of silence
Above its future.
(The chance of choice was never known.)
Hunger, new hands, strange voices,
Its cry came natural, tearing.

Water boiled in innocence, gaily
In a cheap pot.
The child exchanged its
Curiosity for terror. The skin
Withdrew, the flesh submitted.

Now, cries make shards
Of broken air, beyond an unremembered
Hunger and the peace of strange hands.

A young body floats.
Silently.

Comme si frapper l'enfant ne suffisait pas

Un jeune corps, léger
Comme un soleil d'hiver, une nouvelle
Graine regorgeant de promesses,
Pendu à une corde de silence
Au-dessus de son avenir.
(La possibilité du choix ne se présenta jamais.)
La faim, de nouvelles mains, des voix inconnues,
Ses pleurs vinrent naturellement, déchirants.

L'eau bouillait en toute innocence, gaiement
Dans une casserole bon marché.
L'enfant échangea sa
Curiosité contre de la terreur. La peau
Se retira, la chair se soumit.

À présent, les cris forment des échardes
D'air brisé, au-delà d'une faim
Oubliée et de la paix de mains étrangères.

Un jeune corps flotte.
Silencieusement.

Woman Work

I've got the children to tend
The clothes to mend
The floor to mop
The food to shop
Then the chicken to fry
The baby to dry
I got company to feed
The garden to weed
I've got the shirts to press
The tots to dress
The cane to be cut
I gotta clean up this hut
Then see about the sick
And the cotton to pick.

Shine on me, sunshine
Rain on me, rain
Fall softly, dewdrops
And cool my brow again.

Storm, blow me from here
With your fiercest wind
Let me float across the sky
Till I can rest again.

Travail de femme

Je dois m'occuper des enfants
Repriser les vêtements
Passer la serpillière
Acheter la nourriture
Puis faire frire le poulet
Essuyer le bébé
J'ai du monde à nourrir
Le jardin à désherber
J'ai des chemises à repasser
Les bambins à habiller
La canne à sucre à couper
Cette cabane à nettoyer
Puis m'occuper des malades
Et aller cueillir le coton.

Brille moi dessus, soleil,
Tombe-moi dessus, pluie
Tombe doucement, rosée
Et rafraîchis-moi le front.

Tempête, souffle-moi hors d'ici
Avec ton vent le plus cruel
Laisse-moi flotter dans le ciel
Tant que je ne peux me reposer.

Fall gently, snowflakes
Cover me with white
Cold icy kisses and
Let me rest tonight.

Sun, rain, curving sky
Mountain, oceans, leaf and stone
Star shine, moon glow
You're all that I can call my own.

Tombez doucement, flocons de neige
Couvrez-moi de baisers blancs
Froids comme la glace
Et laissez-moi une nuit de repos.

Soleil, pluie, courbe du ciel,
Montagne, océans, feuille et roche,
Éclat d'étoile, halo de lune
Vous êtes ceux que j'appelle mes proches.

One More Round

There ain't no pay beneath the sun
As sweet as rest when a job's well done.
I was born to work up to my grave
But I was not born
To be a slave.

One more round
And let's heave it down,
One more round
And let's heave it down.

Papa drove steel and Momma stood guard,
I never heard them holler 'cause the work was hard.
They were born to work up to their graves
But they were not born
To be worked-out slaves.

One more round
And let's heave it down,
One more round
And let's heave it down.

Brothers and sisters know the daily grind,
It was not labor made them lose their minds.

Encore un tour

Il n'y a pas de salaire sous le soleil
Aussi doux que le repos quand t'as bien fait le boulot.
Je suis née pour trimer jusqu'à la tombe
Mais je ne suis pas née
Pour être esclave.

Encore un tour
Et déchargeons-nous de ça,
Encore un tour
Et déchargeons-nous de ça.

Papa besognait et maman montait la garde,
Jamais je ne les ai entendus dire que le travail était dur.
Ils étaient nés pour trimer jusqu'à la tombe
Mais ils n'étaient pas nés
Pour être des esclaves qu'on tue à la tâche.

Encore un tour
Et déchargeons-nous de ça,
Encore un tour
Et déchargeons-nous de ça.

Nos frères et sœurs connaissent les corvées quotidiennes,
Ce n'est pas le labeur qui les a rendus fous.

They were born to work up to their graves
But they were not born
To be worked-out slaves.

One more round
And let's heave it down,
One more round
And let's heave it down.

And now I'll tell you my Golden Rule,
I was born to work but I ain't no mule.
I was born to work up to my grave
But I was not born
To be a slave.

One more round
And let's heave it down,
One more round
And let's heave it down.

Ils étaient nés pour trimer jusqu'à la tombe
Mais ils n'étaient pas nés
Pour être des esclaves qu'on tue à la tâche.

Encore un tour
Et déchargeons-nous de ça,
Encore un tour
Et déchargeons-nous de ça.

Et maintenant je vais vous dire ma règle d'or,
Je suis née pour trimer mais je ne suis pas une mule.
Je suis née pour trimer jusqu'à la tombe
Mais je ne suis pas née
Pour être une esclave.

Encore un tour
Et déchargeons-nous de ça,
Encore un tour
Et déchargeons-nous de ça.

The Traveler

Byways and bygone
And lone nights long
Sun rays and sea waves
And star and stone

Manless and friendless
No cave my home
This is my torture
My long nights, lone

La voyageuse

Chemins de traverse et temps jadis
Et seule des nuits entières
Rayons de soleil et vagues marines
Étoile et pierre

Sans homme et sans ami
Sans caverne où loger
C'est cela ma torture
Mes longues nuits, isolée

Kin

For Bailey

We were entwined in red rings
Of blood and loneliness before
The first snows fell
Before muddy rivers seeded clouds
Above a virgin forest, and
Men ran naked, blue and black
Skinned into the warm embraces
Of Sheba, Eve and Lilith.
I was your sister.

You left me to force strangers
Into brother molds, exacting
Taxations they never
Owed or could ever pay.

You fought to die, thinking
In destruction lies the seed
Of birth. You may be right.

I will remember silent walks in
Southern woods and long talks
In low voices

Proches

Pour Bailey

Nous étions liés par des anneaux rouges
De sang et de solitude avant que
Les premières neiges ne tombent
Avant que les rivières boueuses ne sèment des nuages
Au-dessus d'une forêt vierge, et que
Les hommes nus, la peau couverte de bleus et noirs
Ne se jettent dans les bras chaleureux
De Saba, Ève et Lilith.
J'étais ta sœur.

Tu m'as quittée pour forcer des inconnus
À entrer dans des moules de fraternité, prélevant
Des taxes qu'ils n'avaient jamais
Dues et ne pourraient payer.

Tu t'es battu pour mourir, en pensant
Que dans la destruction se trouve la graine
De la naissance. Tu as peut-être raison.

Je me souviendrai des promenades silencieuses dans
Les forêts du Sud et des longues conversations
À voix basse

Shielding meaning from the big ears
Of over-curious adults.

You may be right.
Your slow return from
Regions of terror and bloody
Screams, races my heart.
I hear again the laughter
Of children and see fireflies
Bursting tiny explosion in
An Arkansas twilight.

Qui cachaient leur propos aux grandes oreilles
Des adultes bien trop curieux.

Tu as peut-être raison.
Ton lent retour des
Régions de terreur et de cris
Sanglants court dans mon cœur.
J'entends encore le rire
Des enfants et je vois les lucioles
qui éclatent en minuscules explosions dans
Un crépuscule de l'Arkansas.

The Memory

Cotton rows crisscross the world
        And dead-tired nights of yearning
Thunderbolts on leather strops
        And all my body burning

Sugar cane reach up to God
        And every baby crying
Shame the blanket of my night
        And all my days are dying

La mémoire

Des rangs de coton quadrillent le monde
Des nuits d'espoir tuantes
Des éclairs sur des cuirs à rasoir
Et toute ma chair brûlante

La canne à sucre monte jusqu'à Dieu
Et chaque bébé qui pleure
Outrage la couverture de ma nuit
Et tous mes jours se meurent

TROISIÈME PARTIE

And Still I Rise	Et pourtant je m'élève

Still I Rise

You may write me down in history
With your bitter, twisted lies,
You may trod me in the very dirt
But still, like dust, I'll rise.

Does my sassiness upset you?
Why are you beset with gloom?
'Cause I walk like I've got oil wells
Pumping in my living room.

Just like moons and like suns,
With the certainty of tides,
Just like hopes springing high,
Still I'll rise.

Did you want to see me broken?
Bowed head and lowered eyes?
Shoulders falling down like teardrops,
Weakened by my soulful cries.

Does my haughtiness offend you?
Don't you take it awful hard
'Cause I laugh like I've got gold mines
Diggin' in my own back yard.

Pourtant je m'élève

Tu peux me faire passer à l'Histoire
Avec tes mensonges pervers,
Et me traîner dans la poussière,
Mais, comme elle, je me soulèverai.

Mon exubérance t'irrite-t-elle ?
La tristesse te gagne, pourquoi ?
Parce que j'avance comme si j'avais
Des puits de pétrole chez moi.

Tout comme les lunes et les soleils,
Aussi sûre que les marées,
Tel un espoir qui se réveille,
Toujours, je m'élèverai.

Voulais-tu me voir brisée ?
La tête courbée les yeux baissés ?
Mes épaules tombant comme des larmes,
Par mon âme en pleurs, diminuées ?

Est-ce mon dédain qui t'offense ?
Tu peines vraiment à l'accepter ?
Car je ris comme si des mines d'or
Dans mon jardin étaient creusées.

You may shoot me with your words,
You may cut me with your eyes,
You may kill me with your hatefulness,
But still, like air, I'll rise.

Does my sexiness upset you?
Does it come as a surprise
That I dance like I've got diamonds
At the meeting of my thighs?

Out of the huts of history's shame
I rise
Up from a past that's rooted in pain
I rise
I'm a black ocean, leaping and wide,
Welling and swelling I bear in the tide.

Leaving behind nights of terror and fear
I rise
Into a daybreak that's wondrously clear
I rise
Bringing the gifts that my ancestors gave,
I am the dream and the hope of the slave.
I rise
I rise
I rise.

Tire-moi dessus avec tes mots,
Saigne-moi donc avec tes yeux,
Tue-moi avec ta haine, mais
Pourtant, comme l'air, je m'élèverai.

Mon côté sexy te dérange ?
Et pour toi, est-ce une surprise
Que je danse comme si des diamants
Nichaient au croisement de mes cuisses ?

Des taudis honteux de l'Histoire
Je m'élève
D'un passé pétri de souffrance
Je m'élève
Tel un océan noir, bondissant et immense,
Débordant, grossissant, je porte la marée.

Abandonnant les nuits de terreur et d'effroi
Je me lève
Dans une aurore à l'éclat merveilleux
Je m'élève
Apportant les cadeaux offerts par mes aïeux,
Je suis le rêve et l'espoir de l'esclave.
Je me lève
Je me soulève
Je m'élève.

Ain't That Bad?

Dancin' the funky chicken
Eatin' ribs and tips
Diggin' all the latest sounds
And drinkin' gin in sips.

Puttin' down that do-rag
Tightenin' up my 'fro
Wrappin' up in Blackness
Don't I shine and glow?

Hearin' Stevie Wonder
Cookin' beans and rice
Goin' to the opera
Checkin' out Leontyne Price.

Get down, Jesse Jackson
Dance on, Alvin Ailey
Talk, Miss Barbara Jordan
Groove, Miss Pearlie Bailey.

Now ain't they bad?
An' ain't they Black?
An' ain't they Black?
An' ain't they bad?

On déchire, non ?

On danse le funky chicken
Devant le barbecue
On kiffe les derniers tubes
En sirotant du gin

Je dégage le *do-rag*
Qui retient ma coupe afro
Je m'enveloppe de négritude
Je brille, je scintille, non ?

Et j'écoute Stevie Wonder
En faisant cuire haricots et riz
Ou bien je vais à l'opéra
Pour entendre Leontyne Price

Lâche-toi, Jesse Jackson
Danse, Alvin Ailey
Parle, Miss Barbara Jordan
Groove, Miss Pearlie Bailey.

Ils déchirent, hein ?
Et ils sont Noirs, non ?
Et ils sont Noirs, non ?
Et ils déchirent, hein ?

An' ain't they bad?
An' ain't they Black?
An' ain't they fine?

Black like the hour of the night
When your love turns and wriggles close to your side
Black as the earth which has given birth
To nations, and when all else is gone will abide.

Bad as the storm that leaps raging from the heavens
Bringing the welcome rain
Bad as the sun burning orange hot at midday
Lifting the waters again.

Arthur Ashe on the tennis court
Mohammed Ali in the ring
André Watts and Andrew Young
Black men doing their thing.

Dressing in purples and pinks and greens
Exotic as rum and Cokes
Living our lives with flash and style
Ain't we colorful folks?

Now ain't we bad?
An' ain't we Black?
An' ain't we Black?
An' ain't we bad?
An' ain't we bad?
An' ain't we Black?
An' ain't we fine?

Et ils déchirent, hein ?
Et ils sont Noirs, non ?
Et ils sont bons, non ?

Noir comme l'heure dans la nuit
Quand ton amour se retourne et remue contre toi
Noir comme la terre qui a donné naissance
Aux nations, et qui restera quand tout le reste aura disparu.

Ils déchirent comme la tempête qui fait rage dans les cieux
Apportant une pluie bienvenue
Ils déchirent comme le soleil qui cogne dur à midi
Soulevant à nouveau les eaux.

Arthur Ashe sur le court de tennis
Mohammed Ali sur le ring
André Watts et Andrew Young
Des hommes noirs qui assurent.

Vêtus de violets et de roses et de verts
Exotiques comme du rhum Coca
Nos vies, on les vit avec style et éclat
On est hauts en couleur, hein ?

On déchire, hein ?
Et on est Noirs, non ?
Et on est Noirs, non ?
Et on déchire, hein ?
Et on déchire, hein ?
Et on est Noirs, non ?
Et on est bons, non ?

Life Doesn't Frighten Me

Shadows on the wall
Noises down the hall
Life doesn't frighten me at all
Bad dogs barking loud
Big ghosts in a cloud
Life doesn't frighten me at all.

Mean old Mother Goose
Lions on the loose
They don't frighten me at all
Dragons breathing flame
On my counterpane
That doesn't frighten me at all,

I go boo
Make them shoo
I make fun
Way they run
I won't cry
So they fly
I just smile
They go wild
Life doesn't frighten me at all.

La vie ne me fait pas peur

Mur aux ombres noires
Bruits dans le couloir
La vie ne me fait pas peur du tout
Dogues grondant de rage
Spectres dans un nuage
La vie ne me fait pas peur du tout.

Méchante la mère l'Oie
Lions dans les sous bois
Ils ne me font pas peur du tout
Flammes des dragons
Sur mon édredon
Ça ne me fait pas peur du tout,

Je leur fais bouh
Ça les repousse
Et je ris
Quand ils fuient
Je ne vais pas pleurer
Ils vont s'envoler
Je souris, c'est tout
Et ça les rend fous
La vie ne me fait pas peur du tout.

Tough guys in a fight
All alone at night
Life doesn't frighten me at all.
Panthers in the park
Strangers in the dark
No, they don't frighten me at all.

That new classroom where
Boys all pull my hair
(Kissy little girls
With their hair in curls)
They don't frighten me at all.

Don't show me frogs and snakes
And listen for my scream,
If I'm afraid at all
It's only in my dreams.

I've got a magic charm
That I keep up my sleeve,
I can walk the ocean floor
And never have to breathe.

Life doesn't frighten me at all
Not at all
Not at all.
Life doesn't frighten me at all.

Des durs qui se bagarrent
Ou toute seule le soir
La vie ne me fait pas peur du tout.
Panthères dans le square
Intrus dans le noir
Non, ils ne me font pas peur du tout.

Tous les gars de ma classe
Tirent sur ma tignasse
(Jolies petites filles
Aux boucles gentilles)
Ils ne me font pas peur du tout.

Ne croyez pas me flanquer la trouille
Avec des serpents, des grenouilles,
Car la peur ne me prend
Qu'en rêve seulement.

Dans ma manche, j'ai mis
Un sort de magie,
Je peux, sans jamais respirer,
Au fond de l'océan marcher.

La vie ne me fait pas peur du tout
Pas du tout
Pas du tout.
La vie ne me fait pas peur du tout.

Bump d'Bump

Play me a game like Blind Man's dance
And bind my eyes with ignorance
Bump d'bump bump d'bump.

Tell my life with a liquor sign
Or a cooking spoon from the five-and-dime
And a junkie reel in two/four time
Bump d'bump bump d'bump.

Call me a name from an ugly south
Like liver lips and satchel mouth
Bump d'bump bump d'bump.

I'll play possum and close my eyes
To your greater sins and my lesser lies
That way I share my nation's prize
Bump d'bump bump d'bump.

I may be last in the welfare line
Below the rim where the sun don't shine
But getting up stays on my mind
Bump d'bump bump d'bump.

Bump d'bump

Fais-moi jouer à colin-maillard
Et bande-moi les yeux d'ignorance
Bump d'bump bump d'bump.

Une enseigne d'alcool raconte mon histoire
Ou une cuillère achetée au bazar
Et un air junkie au tempo deux/quatre
Bump d'bump bump d'bump.

Lance-moi une insulte de ce Sud atroce
Comme lèvres lippues et bouche sacoche
Bump d'bump bump d'bump.

Je ferai la morte et fermerai les yeux
Sur tes grands péchés et mes petits mensonges
Ainsi, je prends ma part du prix de la nation
Bump d'bump bump d'bump.

J'ai beau être au bout de la queue des allocs
Ce lieu sans soleil derrière une crête
Me remettre debout reste dans ma tête
Bump d'bump bump d'bump.

On Aging

When you see me sitting quietly,
Like a sack left on the shelf,
Don't think I need your chattering.
I'm listening to myself.
Hold! Stop! Don't pity me!
Hold! Stop your sympathy!
Understanding if you got it,
Otherwise I'll do without it!

When my bones are stiff and aching
And my feet won't climb the stair,
I will only ask one favor:
Don't bring me no rocking chair.

When you see me walking, stumbling,
Don't study and get it wrong.
'Cause tired don't mean lazy
And every goodbye ain't gone.
I'm the same person I was back then,
A little less hair, a little less chin,
A lot less lungs and much less wind.
But ain't I lucky I can still breathe in.

Sur la vieillesse

Quand tu me verras assise en silence,
Comme un sac oublié sur une étagère,
Ne crois pas que j'ai besoin de tes bavardages.
C'est moi-même que j'écoute.
Attends ! Stop ! Ne me prends pas en pitié !
Attends ! Stop à ta compassion !
De la compréhension si tu en as,
Sinon je me débrouillerai sans !

Quand mes os seront raides et douloureux
Et que mes pieds ne monteront plus les marches,
Je ne te demanderai qu'une seule faveur :
Ne m'apporte pas de rocking-chair.

Quand tu me verras marcher, trébucher,
Ne m'observe pas en comprenant de travers.
Fatigué ne veut pas dire paresseux
Et chaque au revoir n'est pas un adieu.
Je suis la même personne qu'à l'époque,
Un peu moins de cheveux, un peu moins de menton,
Beaucoup moins de poumons et beaucoup moins de souffle.
Mais qu'est-ce que j'ai de la chance de respirer encore.

In Retrospect

Last year changed its seasons
subtly, stripped its sultry winds
for the reds of dying leaves, let
gelid drips of winter ice melt onto a
warming earth and urged the dormant
bulbs to brave the
pain of spring.

We, loving, above the whim of
time, did not notice.

Alone. I remember now.

Rétrospectivement

L'année dernière a changé ses saisons
subtilement, s'est défaite de ses vents suffocants
en faveur du rouge des feuilles mourantes, a laissé
les gouttes gelées de la glace hivernale fondre sur une
terre qui se réchauffe et demandé aux bourgeons
endormis de braver la
douleur du printemps.

Nous, ceux qui aimions, par-delà les caprices du
temps, ne l'avons pas remarqué.

Seule. Je me souviens maintenant.

Just Like Job

My Lord, My Lord,
Long have I cried out to Thee
In the heat of the sun,
The cool of the moon,
My screams searched the heavens for Thee.
My God,
When my blanket was nothing but dew,
Rags and bones
Were all I owned.
I chanted Your name
Just like Job.

Father, Father,
My life give I gladly to Thee
Deep rivers ahead
High mountains above
My soul wants only Your love
But fears gather round like wolves in the dark.
Have You forgotten my name?
O Lord, come to Your child.
O Lord, forget me not.

You said to lean on Your arm
And I'm leaning

Tout comme Job

Seigneur, Seigneur,
Longtemps j'ai crié pour T'appeler
Dans la chaleur du soleil,
La fraîcheur de la lune,
Mes cris fouillaient les cieux à Ta recherche.
Mon Dieu,
Quand ma couverture n'était que rosée,
Haillons et os
Étaient mes uniques possessions.
J'ai célébré Ton nom
Tout comme Job.

Père, Père,
Je Te donne ma vie avec joie
De profondes rivières devant moi
De hautes montagnes au-dessus
Mon âme veut seulement Ton amour
Mais les peurs m'encerclent comme des loups dans le noir.
As-Tu oublié mon nom ?
Oh, Seigneur, viens à Ton enfant.
Oh, Seigneur, ne m'oublie pas.

Tu m'as dit de m'appuyer sur Ton bras
Et je m'appuie

You said to trust in Your love
And I'm trusting
You said to call on Your name
And I'm calling
I'm stepping out on Your word.

You said You'd be my protection,
My only and glorious saviour,
My beautiful Rose of Sharon,
And I'm stepping out on Your word.
Joy, joy
Your word.
Joy, joy
The wonderful word of the Son of God.

You said that You would take me to glory
To sit down at the welcome table
Rejoice with my mother in heaven
And I'm stepping out on Your word.

Into the alleys
Into the byways
Into the streets
And the roads
And the highways
Past rumor mongers
And midnight ramblers
Past the liars and the cheaters and the gamblers
On Your word
On Your word.
On the wonderful word of the Son of God.
I'm stepping out on Your word.

Tu m'as dit de croire en Ton amour
Et je crois
Tu m'as dit d'invoquer Ton nom
Et j'invoque
Je suis infidèle à Ta parole.

Tu as dit que Tu serais ma protection,
Mon unique et glorieux sauveur,
Ma belle rose de Saron,
Et je suis infidèle à Ta parole.
Joie, joie
Ta parole.
Joie, joie
La merveilleuse parole du Fils de Dieu.

Tu as dit que Tu m'emmènerais à la gloire
Pour m'asseoir à la table de bienvenue
Me réjouir avec ma mère au Paradis
Et je suis infidèle à Ta parole.

Dans les ruelles
Dans les chemins de traverse
Dans les rues
Sur les routes
Et les autoroutes
Au-delà des fabricants de rumeurs
Et des vagabonds nocturnes
Au-delà des menteurs des tricheurs et des joueurs
À Ta parole
À Ta parole.
À la parole merveilleuse du Fils de Dieu.
Je suis infidèle à Ta parole.

Cali Letters: Mrs. V. B.

Ships?
Sure I'll sail them.
Show me the boat,
If it'll float,
I'll sail it.

Men?
Yes I'll love them.
If they've got the style,
To make me smile,
I'll love them.

Life?
'Course I'll live it.
Let me have breath,
Just to my death,
And I'll live it.

Failure?
I'm not ashamed to tell it,
I never learned to spell it.
Not Failure.

Indicatif : Mrs. V. B.

Les voiliers ?
Bien sûr que je les ferai naviguer.
Montre-moi le bateau,
S'il ne prend pas l'eau,
Je le ferai naviguer.

Les hommes ?
Oui je les aimerai.
S'ils sont assez stylés,
Pour me faire marrer,
Je les aimerai.

La vie ?
Évidemment que je la vivrai.
Laissez-moi souffler,
Jusqu'à mon décès,
Et je la vivrai.

L'échec ?
Je n'ai pas honte de l'avouer,
Je n'ai jamais appris à l'épeler.
Pas l'échec.

Thank You, Lord

I see You
Brown-skinned,
Neat Afro,
Full lips,
A little goatee.
A Malcolm,
Martin,
Du Bois.
Sunday services become sweeter when you're Black,
Then I don't have to explain why
I was out balling the town down,
Saturday night.

Thank you, Lord.
I want to thank You, Lord
For life and all that's in it.
Thank You for the day
And for the hour and for the minute.
I know many are gone,
I'm still living on,
I want to thank You.

I went to sleep last night
And I arose with the dawn,

Merci, Seigneur

Je te vois
Brun de peau,
Belle afro,
Lèvres charnues,
Un petit bouc,
Un Malcolm,
Martin,
Du Bois.
La messe du dimanche est plus douce quand tu es Noir,
Alors je n'ai pas besoin d'expliquer pourquoi
J'ai été jusqu'au bout de la bringue en ville,
Samedi soir.

Merci, Seigneur.
Je tiens à Te remercier, Seigneur
Pour la vie et tout ce qu'elle contient.
Merci pour le jour
Et pour l'heure et pour la minute.
Je sais que beaucoup sont partis,
Mais je suis toujours en vie,
Et je tiens à Te remercier.

Je suis allée me coucher hier soir
Et je me suis levée avec l'aube,

I know that there are others
Who're still sleeping on,
They've gone away,
You've let me stay.
I want to thank You.

Some thought because they'd seen sunrise
They'd see it rise again.
But death crept into their sleeping beds
And took them by the hand.
Because of Your mercy,
I have another day to live.

Let me humbly say,
Thank You for this day
I want to thank You.

I was once a sinner man,
Living unsaved and wild,
Taking my chances in a dangerous world,
Putting my soul on trial.
Because of Your mercy,
Falling down on me like rain,
Because of Your mercy,
When I die I'll live again,
Let me humbly say,
Thank You for this day.
I want to thank You.

Je sais qu'il y en a d'autres
Qui dorment encore,
Ils ont disparu,
Tu m'as permis de rester.
Je tiens à Te remercier.

Certains pensaient, ayant vu le lever du soleil,
Qu'ils le verraient encore se lever.
Mais la mort s'est glissée dans le lit de leur sommeil
Et les a pris par la main.
Grâce à Ta miséricorde,
J'ai un autre jour à vivre.

Laisse-moi dire humblement,
Merci pour cette journée
Je tiens à Te remercier.

Autrefois j'ai péché,
Vivant sauvage et sans salut,
Je me risquais dans un monde dangereux,
Je mettais mon âme à l'épreuve.
Grâce à Ta miséricorde,
Qui tombait sur moi comme la pluie,
Grâce à Ta miséricorde,
Quand je mourrai je revivrai,
Laisse-moi Te dire humblement,
Merci pour cette journée.
Je tiens à Te remercier.

Note du traducteur

Maya Angelou, c'est une voix, une voix qui déclarait en 2010, quatre ans avant de s'éteindre : « Il était dangereux pour moi de me taire. Et c'est encore le cas, toutes ces années plus tard. Une soixantaine d'années plus tard. Quand je suis vraiment secouée, j'arrête de parler. Mais ensuite, je m'expose, je me lance, je chante, je parle, je parle fort, avec fermeté. Je récite des poèmes, Shakespeare, James Weldon Johnson et tous les autres, et je le fais parce que le mutisme est comme une drogue… C'est tellement addictif. Plus besoin de faire quoi que ce soit… »

Ainsi, lorsqu'on traduit la poésie de Maya Angelou, le cap qu'il faudra tenir si d'aventure le texte tangue et se dérobe, c'est de toute évidence cette voix – la *loud voice*, la « grande gueule » qui refuse de se taire, l'oralité d'un texte qui revendique une parole de femme noire et s'inscrit dans la culture d'un peuple « au tempo deux / quatre », comme le blues rural de l'Arkansas ségrégationniste où elle a grandi (« Bump d'bump »). Quant à la tentation du mutisme qu'elle évoque, Maya Angelou y a cédé, elle qui pendant six ans, à la suite du viol qu'elle a subi alors qu'elle n'en avait que huit, n'a adressé la parole à personne d'autre qu'à son frère. Puis elle a retrouvé sa voix, d'abord celle d'une chanteuse, par la suite celle d'une auteure, d'une poétesse et d'une figure littéraire américaine, mais surtout celle d'une

militante, car comme l'écrivait Sartre dès l'incipit d'*Orphée noir* : « Qu'est-ce donc que vous espériez, quand vous ôtiez le bâillon qui fermait ces bouches noires ? Qu'elles allaient entonner vos louanges ? »
Ce sont toutes ces vies que l'on entend en lisant Maya Angelou et qu'il faut dès lors, tant que faire se peut, s'attacher à rendre. Mais concrètement, qu'est-ce que cela veut dire ? Eh bien, cela consiste à essayer de faire passer dans la traduction tous les réseaux de sens qu'on détecte dans le texte original, en préservant au mieux leur équilibre et en tenant compte de la situation d'énonciation.
Prenons un exemple, extrait du poème « Femme phénoménale » et volontairement choisi pour sa langue très simple, afin d'illustrer le processus :

It's the fire in my eyes,
And the flash of my teeth,
The swing in my waist,
And the joy in my feet.

Ces quatre vers sont exclusivement composés de mots monosyllabiques. Ça parle de feu, ça brille, c'est une rafale de sons qui crépitent gaiement au milieu d'un réseau d'assonances : *fire* / *flash*, *swing* / *waist*, *teeth* / *feet*. En termes d'image, le mouvement de « caméra » descend des yeux jusqu'aux pieds, tandis que les accents toniques de l'anglais donnent à ce mouvement un rythme ternaire. Mais ce qu'il faut surtout entendre, c'est qu'en raison desdits accents toniques, ces vers découpent quatre mesures 2 / 4 dont les temps forts respectifs tombent sur *fire*, *flash*, *swing*, et *joy*.

1 2
fire *eyes*

1 2
flash *teeth*

1 2
swing *waist*

1 2
joy *feet*

C'est ce rythme immanent à la phrase qu'il est important de restituer, en s'appuyant sur la prosodie française et en croisant les doigts pour que les mots, une fois traduits dans la langue de Molière, ne comptent pas tous trois ou quatre syllabes, car la métrique de ces vers (6 / 6 / 5 / 6 pieds) nous en accorde bien peu.

Au début, on a de la chance. « C'est le **feu** dans mes **yeux** » répond à tous les critères, avec en prime l'assonance feu / yeux, toujours bonne à prendre. « Et l'**éclat** de mes **dents** » passe bien aussi. « Le balancement de ma taille », en revanche, pose problème. « Balancement » est trop long, le vers en devient absurde du point de vue rythmique et, même si l'on choisit d'élider des syllabes (« Le **ba**lanc'ment d'ma **taille** »), le résultat n'est pas très heureux : en français, dans ce contexte, on parlerait plutôt de « hanches » que de « taille ». En outre, « balancement » n'a pas les connotations festives et jazzy de *swing*. On pourrait alors songer à rendre le vers par « Mon **dé**hanche**ment** ». Le terme évoque la danse et il rime avec « dents » mais, rythmiquement, si l'on veut rester en ternaire, le temps fort tombe sur « dé », ce qui crée une césure artificielle au milieu du mot.

1	2
swing	*waist*

1	2
dé	ment

On constate par ailleurs que le réseau sémantique *swing / waist* est totalement perdu, voire perverti, avec « dé / -ment ». Néanmoins, le français a déjà importé un mot qui évoque le balancement, même s'il recouvre surtout les notions de danse, de fête et de jazz : « swing » ! Et avec « Le **swing** de mes **hanches** », on retrouve le rythme ternaire et le bon champ sémantique « swing / hanches ». Quant au quatrième vers, « Et la **joie** dans mes **pieds** », on a de nouveau de la chance, avec néanmoins deux options. Choisir entre « joie » et « gaieté », dont le *g* résonnerait avec celui de « swing » et créerait une rime intérieure avec « pied ». Mais ce terme ajoute une syllabe qui brise la pulsation ternaire de la phrase en plaçant les temps forts sur « -té / pied » : « Et la gaie**té** dans mes **pieds** ». L'autre option consisterait en une inversion, « Et mes **pieds** si joy**eux** », pour profiter de l'écho avec « yeux ». L'inconvénient étant que l'on casserait alors l'insistance que ces vers mettent à décrire cette « femme phénoménale » en pointant chaque fois une partie de son corps. Il vaut donc mieux aller vers la simplicité, et la première idée semble finalement la bonne : « Et la **joie** dans mes **pieds** ».

Une fois terminé ce travail sur le détail du texte, il n'est pas inutile de prendre un peu de recul afin de considérer les vers dans leur ensemble, en les lisant à voix haute pour ressentir en soi l'atmosphère qui s'en dégage.

C'est le feu dans mes yeux	C'est le feu dans mes yeux
Et l'éclat de mes dents	Et l'éclat de mes dents
Mon déhanchement	Le swing de mes hanches
Et mes pieds si joyeux.	Et la joie dans mes pieds.

La première version, à gauche, est plus « jolie », plus riche en assonances, mais aussi plus transparente, d'une personnalité moins marquée que la seconde, plus brute et qui rend mieux l'atmosphère physique et sensorielle du poème. Ici, on la voit mieux, cette « femme phénoménale ».
Pour ce qui touche à la forme, tous les mots sauf deux sont monosyllabiques, la métrique 6 / 6 / 5 / 6 est respectée, le sens également : on peut donc considérer qu'on a *une* traduction – et surtout pas *la* traduction – de ces quatre vers. Bien sûr, le processus n'est pas toujours aussi rationnel ou systémique, et le traducteur est souvent obligé de privilégier tel ou tel aspect du texte (sens, forme, mais aussi sous-texte ou référence culturelle) pour se conformer à sa visée initiale et garder le cap qu'il s'est fixé. En outre, certains choix sont instinctifs. À force de côtoyer le texte, on sent qu'il « faut » traduire de telle façon plutôt que de telle autre, à la faveur ou au détriment de tel ou tel critère. C'est la raison pour laquelle le lecteur qui ne parle pas la langue source pourrait de prime abord se sentir spolié, songer qu'il ne dispose en définitive que d'une fraction de l'original. Mais en réalité, la traduction ne fait que mettre en avant certains des réseaux de sens sous-jacents du texte source. En d'autres termes, elle enrichit ce dernier par la nouvelle lecture qu'elle en donne.

Dès lors, une œuvre littéraire n'est plus uniquement le texte original, simple graine tombée sur un terreau fertile, mais la totalité de l'arbre qu'elle a engendré, et dont les traductions, les adaptations théâtrales, cinématographiques ou autres sont les branches et les feuilles. L'ensemble forme un tout, un véritable écosystème dont chaque composante est essentielle, dans tous les sens du terme.

Voilà en quoi la publication d'un recueil en édition bilingue est primordiale : elle permet au lecteur d'embrasser d'un seul tenant une plus grande partie de l'arbre, une plus grande partie de l'œuvre.
Bonne lecture, et si possible à haute voix.

Santiago Artozqui

Table

II. *TRAVELING*
EN VOYAGE

III. *AND STILL I RISE*
ET POURTANT JE M'ÉLÈVE

Les Éditions Points s'engagent pour la protection de l'environnement et une production française responsable

Ce livre a été imprimé en France, sur un papier certifié issu de forêts gérées durablement, chez un imprimeur labellisé Imprim'Vert, marque créée en partenariat avec l'Agence de l'eau, l'ADEME (Agence de l'environnement et de la maîtrise de l'énergie) et l'UNIC (Union nationale des industries de l'impression et de la communication).

La marque Imprim'Vert apporte trois garanties essentielles :

- La suppression totale de l'utilisation de produits toxiques
- La sécurisation des stockages de produits et de déchets dangereux
- La collecte et le traitement de produits dangereux

RÉALISATION : NORD COMPO À VILLENEUVE-D'ASCQ
IMPRESSION : NORMANDIE ROTO IMPRESSION S.A.S À LONRAI
DÉPÔT LÉGAL : MARS 2023. N° 152733-7 (2404522)
IMPRIMÉ EN FRANCE